생활 속에 숨어 있는 100원 짜리 경제 이야기

생활 속에 숨어 있는
100원짜리 경제이야기

1판 1쇄 인쇄 | 2018. 2. 1.
1판 1쇄 발행 | 2018. 2. 5.

김경희 글 | 신나경 그림

발행처 도서출판 거인
발행인 박형준
책임편집 안성철
디자인 박윤선
마케팅 이희경 김경진
등록번호 제2002-000121호
주소 서울시 마포구 와우산로48 로하스타워 803호
전화 02-715-6857, 6859
팩스 02-715-6858

값은 표지에 있습니다.
ISBN 978-89-6379-159-3 73320

똑똑한 경제이야기 2

생활 속에 숨어 있는
100원짜리 경제 이야기

거인

차 례

우리 생활 속에 경제가 보여요
경제활동은 어떻게 이루어질까? ······ 8
재화와 용역 ······ 12
경제 원칙에는 뭐가 있을까? ······ 16
자유재와 경제재 ······ 20
대체재와 보완재 ······ 24
잠깐씩 일하는 아르바이트 ······ 28
소비자의 권리 ······ 30
과소비와 합리적인 소비 ······ 34

돈을 알면 경제가 보여요
돈을 많이 만들면 모두 부자가 될까? ······ 40
전자 화폐와 교통 카드 ······ 44
저축과 이자 ······ 48
우리가 저축한 돈은 어떻게 쓰일까? ······ 52
옛날에도 보험이 있었을까? ······ 56
신용이 뭐예요? ······ 60
우리나라 최초의 화폐는 뭘까? ······ 64
유로화는 왜 생겼을까? ······ 68

시장에 가면 경제가 보여요

시장은 왜 생겼을까? …… 72
산업과 생산자 …… 74
판매자와 소비자 …… 80
귀한 물건일수록 비싼 이유는? …… 84
수요와 공급 …… 86
물건 값은 어떻게 결정될까? …… 90
홈쇼핑과 직거래 장터 …… 94
자장면을 시켜 먹으면 왜 쿠폰을 줄까? …… 98
독점과 담합 …… 100

세계를 보면 경제가 보여요

환율과 수출 …… 108
우리나라 돈의 가치 …… 112
IMF가 뭐예요? …… 114
보호무역이 뭐예요? …… 118
회사들은 왜 중국에 공장을 지을까? …… 124
돈이 많으면 모두 선진국일까? …… 126

우리가 학용품과 과자를 사는 것도
경제활동이래요. 콜라와 사이다
가격에도 경제가 숨어 있대요.
우리 생활 속에 숨어 있는 경제를
찾아보세요. 이제 뉴스에서 나오는
경제 용어도 어렵지 않아요.

01 경제활동은 어떻게 이루어질까?

- 돈을 쓰는 일도 경제활동이라고?

경제활동이란 뭘까요? 아빠와 엄마가 돈을 버는 것이 경제활동이라고요? 부모님이 돈을 버는 일도 경제활동이지만, 돈을 쓰는 일도 경제활동이랍니다.

여러분들은 학용품을 사고, 과자도 사 먹지요? 그럼 학용품과 과자는 어디에서 난 것일까요?

바로 학용품을 만드는 회사와 과자를 만드는 회사에서 만든 것을 가게에서 돈을 주고 사온 것이에요. 이때 회사에서 물건을 만드는 일도 경제활동이지요. 그리고 우리가 가게에서 학용품과 과자를 사서 쓰는 것도 경제활동이랍니다.

요점 정리
경제활동이란 돈을 벌고 쓰는 일을 포함한 경제와 관련된 모든 일들이라고 할 수 있어요.

- 떡볶이를 먹을까, 튀김을 먹을까?

'자장면을 먹을까, 짬뽕을 먹을까?', '떡볶이를 먹을까, 튀김을 먹을까?'
여러분은 이런 고민을 한 적 있나요?
우리는 수많은 선택 속에서 살아가고 있어요. 그 중 어느 하나를 결정해야 하지요. 그 이유는 세상의 모든 것을 다 가질 수 없기 때문이에요.
여러분이 만약 분식집에 가서 떡볶이도 먹고 싶고, 튀김도 먹고 싶은데 한 가지만 먹을 수 있는 돈밖에 없어서 떡볶이

> ● **요점 정리**
> 어떤 것을 선택하기 위해 포기해야 하는 것의 가치를 기회비용 이라고 해요.

만 먹게 된다면 튀김은 포기해야 해요.
이렇게 어떤 것을 선택하기 위해 포기해야 하는 것의 가치를 '기회비용'이라고 해요. 튀김이 떡볶이에 대한 '기회비용'이 되는 것이지요.

02 재화와 용역

- 눈으로 보고 만질 수 있는 재화

사람이 살기 위해서는 무엇이 필요할까요?

벗고 살 수는 없으니 옷과 신발이 필요하고, 굶으면 살 수 없으니 먹을 것도 있어야 해요. 편안하게 쉴 집도 있어야 하고, 어디든 쉽게 이동하려면 자동차도 필요하지요. 그리고 여러 가지 정보를 알아야하니 컴퓨터와 전화도 필요해요. 사람이 살아가는 데 필요한 물건은 수없이 많아요. 이 물건들은 모두 얻는 방법이 조금씩 달라요.

과일이나 채소 등은 농사를 지어서 얻고, 생선은 바다에서 얻고, 닭고기와 돼지고기는 가축을 길러서 얻고, 과자와 라

> ● 요점 정리
> 재화란 눈으로 보고 만질 수 있는 물건을 말해요.

면, 신발, 옷 등은 공장에서 만들지요. 사람들이 만들거나 노력으로 얻은 모든 상품은 재화와 용역으로 나누어요. 옷과 가방, 컴퓨터처럼 눈으로 보고 만질 수 있는 것을 '재화'라고 해요.

– 눈에 보이지 않는 용역

사람들이 만든 상품 중에 눈으로 볼 수 없거나 손으로 만질 수 없는 것도 있을까요? 없을 것 같다고요?
여러분은 몸이 아프면 어딜 가나요? 병을 치료하기 위해 병원에 가서 돈을 내고 진료를 받아요. 이때 의사 선생님의 진료가 바로 '용역'이에요.

가고 싶은 곳까지 데려다 주는 서비스를 주기 때문이지!

지하철을 사는 것도 아닌데 왜 돈을 내요?

의사의 진료는 손으로 만질 수 없어요. 하지만 진료를 받고 돈을 지불하므로 우리는 이것을 '용역'이라고 해요.

이렇게 눈에 보이지 않거나 손으로 만질 수 없는 생산에는 어떤 것들이 있는지 한번 볼까요?

아픈 사람을 치료해 주는 의사와 간호사, 학생들을 가르쳐 주는 선생님, 치킨을 배달해 주는 아저씨, 음식을 주문 받거나 날라다 주는 음식점 직원, 감동적인 노래를 불러 주는 가수, 우리를 원하는 곳으로 데려다 주는 버스나 지하철 운전기사 등 셀 수 없이 많아요.

용역은 눈에 보이거나 만질 수는 없지만 우리의 생활을 편리하게 해 주고 있답니다.

> **● 요점 정리**
> 용역이란 눈으로 보거나 만질 수 없지만, 돈을 지불하고 우리 생활을 편리하게 해 주는 것이에요.

03 경제 원칙에는 뭐가 있을까?

- 누가 더 경제적인 사람일까?

여기, 아이스크림을 각각 1000원과 900원에 파는 가게가 있어요. 민우는 1000원에 파는 가게에서 아이스크림을 사 먹었고, 창기는 900원에 파는 가게에서 아이스크림을 사 먹었어요. 둘 중에 누가 더 경제적인 사람일까요?
똑같은 맛과 크기의 아이스크림이라면 900원에 사 먹은

요점 정리
최소 비용의 원칙이란 어떤 것을 선택할 때 가장 적은 돈을 들이는 거예요.

창기가 훨씬 경제적인 사람이라고 할 수 있지요.
어떤 것을 선택해야 할 때 가장 적은 돈을 들이는 것이 경제적인 생활이지요. 이것을 '최소 비용의 원칙'이라고 해요. 여러분도 만약 이걸 사야 할지 저걸 사야 할지 잘 모를 때는 가격이 싼 것을 사 보세요. 훨씬 현명한 선택을 하게 될 거예요.

- 같은 값이면 다홍치마

민우는 오늘 엄마 심부름을 해 준 대가로 천 원을 받았어요. 그래서 그동안 사고 싶었던 카드를 사러 문방구에 갔지요. 그런데 문방구에는 요즘 친구들에게 인기 있는 스티커가 나와 있지 뭐예요? 돈은 천 원밖에 없는데 카드도 사고 싶고 스티커도 사고 싶고…….
여러분이 민우라면 둘 중 무엇을 선택할까요?
'같은 값이면 다홍치마' 라는 말을 들어본 적 있나요? 이 말은 같은 돈이나 시간을 들여 물건을 산다면 가장 큰 만족을 얻을 수 있는 것을 사야한다는 말이에요. 이것을 '최대 효과의 원칙' 이라고 하지요.

카드와 스티커를 같은 가격에 살 수 있다면 갖고 싶은 것을 먼저 사는 게 경제 원칙에 의한 선택인 것이죠. 물건을 살 때는 경제 원칙에 따라 가장 큰 만족을

● **요점 정리**
최대 효과의 원칙이란 같은 돈으로 가장 큰 만족을 얻는 것을 말해요.

얻을 수 있는 것을 고르는 것이 좋답니다. 물론 내가 가진 돈으로 살 수 있는지와 꼭 필요한 물건인지 따져 보고 사는 것이 좋겠지요?

04 자유재와 경제재

- 공짜로 쓸 수 있다고?

'금 나와라 뚝딱!' 하면 금이 나오고, '은 나와라 뚝딱!' 하면 은이 나오는 도깨비 방망이를 알고 있나요? 동화 속에나 나오는 이야기지만 도깨비 방망이가 있다면 정말 좋을 것 같아요.

우리는 필요한 물건이 있으면 돈을 주고 사서 써요. 하지만 돈을 내지 않고 공짜로 쓸 수 있는 것도 있어요. 바로 햇빛이나 공기 같은 것들이에요. 햇빛이나 공기는 누구든 공짜로 얻을 수 있고 또 마음껏 쓸 수도 있어요. 이렇게 누구나 쉽게 구해 맘껏 쓸 수 있는 것을 '자유재'라고 해요. 돈을 내지 않아도 자유롭게 가질 수 있는 물건이란 뜻이

지요. 그런데 자유재라고해서 언제까지나 공짜라고 할 수는 없어요. 옛날에는 물도 자유재였지만 지금은 물이 부족해서 돈을 주고 사 먹는 시대가 되었거든요.

<톡톡 맞춤지식>
공기도 사야 한다고?

미래에는 공기도 사서 마셔야 할지도 모른다고 해요. 오염된 물이 많아지면서 물을 사 먹듯 공기도 오염되면 깨끗한 공기를 사서 마셔야 할지도 모른답니다. 그래서 모든 자원을 깨끗하고 소중하게 사용해야해요.

옛날에는 수도꼭지만 틀면 물이 공짜였는데.

- 도깨비 방망이가 있다면?

도깨비 방망이가 있다면 무엇을 하고 싶나요? 멋진 옷과 운동화, 맛있는 음식, 그리고 최신 게임기와 컴퓨터 등 갖고 싶은 모든 것들을 만들어 내고 싶다고요? 우리가 사용하는 대부분의 물건들은 돈을 주고 사야 해요. 옷이나 맛있는 음식도 돈을 주고 사야 하고, 게임기도 돈을 주고 사야 하죠. 옷과 음식, 게임기, 가방, 컴퓨터처럼 돈을 주고 사야 하는 것을 '경제재'라고 해요. 공짜로 구할 수 없는 모든 것들이 바로 경제재인 것이지요.

세상에는 공짜로 구할 수 있는 것보다 돈을 내고 사야 하는 것이 훨씬 많아요. 주위를 한번 둘러보세요. 집안 살림부터 먹을 것까지 모두 돈을 주고 산 것이지요? 집에 있는 대부

● 요점 정리
돈을 주고 사야 하는 모든 것들을 '경제재'라고 해요.

분의 것들이 부모님이 열심히 일해서 번 돈으로 산 물건들이에요. 이렇게 경제재는 돈을 주어야만 살 수 있어요. 그래서 아무나 맘껏 가질 수는 없어요. 바로 돈이 부족하기 때문이지요.

05 대체재와 보완재

- 콜라가 비싸면 사람들은 무엇을 사 먹을까?

더운 여름날 콜라가 먹고 싶은데 콜라가 모두 팔렸어요. 그렇다면 여러분은 무엇을 사 먹을 건가요? 콜라와 맛이 비슷한 사이다를 사 먹겠지요?

콜라와 사이다는 어느 한 가지 상품이 너무 비싸거나 귀해서 구할 수 없을 때 바꿔 쓸 수 있는 물건이에요. 이것을 '대체재' 라고 해요.

자장면이 먹고 싶은데 돈이 부족하다면 무엇을 사 먹을까요? 맛이 비슷한 라면을 사 먹겠죠? 우유가 먹고 싶은데 우유가 다 떨어졌다면 요구르트를 사 먹고요.

● 요점 정리
대체재는 어떤 물건이 너무 비싸거나 귀해서 사용하기 힘들 때 서로 바꿔 쓸 수 있는 재화예요.

콜라와 사이다, 자장면과 라면처럼 서로 비슷한 재화를 대체재라고 해요. 우유와 요구르트, 연필과 샤프펜슬, 감자와 고구마, 소고기와 돼지고기 같은 것도 대체재에 속해요.
한 가지 상품의 값이 올라가면 대체재인 다른 상품의 수요가 늘어나요. 예를 들어 콜라 가격이 오르면 사이다를 찾는 사람들이 늘어나고, 소고기 가격이 오르면 돼지고기를 찾는 사람들이 많아진답니다.

- 치즈 가격이 오르면 피자 가격도 오를까?

치즈 가격이 오르면 피자 가격도 오를까요? 잘 모르겠다고요? 지금부터 치즈와 피자는 어떤 관계가 있는지 볼까요? 치즈는 피자를 만들 때 꼭 필요한 것이랍니다. 치즈가 빠진 피자란 생각하기조차 싫죠. 그렇다면 치즈 가격이 오르면 어떻게 될까요? 치즈 값이 오르면 치즈를 이용해 만든 피자 가격도 올라갈 수밖에 없어요.

치즈와 피자처럼 하나가 팔리면 다른 하나도 덩달아 팔리는 물건을 '보완재'라고 해요. 커피와 설탕, 핫도그와 토마토케첩, 빵과 잼, 골프채와 골프공, 연필과 지우개, 실과 바늘 등이 바로 보완재예요.

이들 상품은 따로 사는 것이 아니라 한꺼번에 구입해서 쓰

● **요점 정리**
보완재는 하나의 소비 활동을 위해 같이 쓰이는 재화예요.

는 경우가 많아요. 그런데 재밌는 사실은 보완재의 경우 한 가지 상품의 값이 올라가면 다른 상품의 소비가 줄어든다는 거예요. 예를 들어 피자 값이 비싸지면 사람들은 피자를 덜 사 먹게 돼요. 그러면 치즈도 덜 팔리게 된답니다.

06 잠깐씩 일하는 아르바이트

- 편한 시간에 일도 하고 돈도 벌고

편의점이나 주유소에서 일하는 누나와 형들을 본 적 있나요? 이 형과 누나들이 하는 일이 바로 아르바이트예요.
아르바이트는 그때그때 필요에 따라 하는 일을 말해요. 보통 학생들이 많이 하지요.
아르바이트를 하면 급여도 시간당 얼마씩 계산을 해서 주고, 필요할 때 언제든 일을 시작할 수 있고 그만둘 수도 있어요. 또 여러 가지를 배울 수 있어요.
첫째, 돈 벌기가 얼마나 힘든지 직접 체험하기 때문에 돈에 대한 소중함을 깨달을 수 있어요.
둘째, 우리가 사용하는 모든 것이 노동으로 만들어졌다는 것을 알게 돼요.

셋째, 여러 사람들과 어울려 일을 하면서 사회 경험을 넓힐 수 있어요. 하지만 아르바이트는 회사에 정식으로 취직을 하는 것이 아니에요. 그렇기 때문에 의료 보험이나 국민연금, 고용 보험 등의 혜택을 받지도 못하고, 회사에서 직원들에게 주는 여러 가지 복지 혜택을 받을 수도 없어요.

● 요점 정리

아르바이트는 회사에 정식으로 취직하지 않고 필요에 따라 잠깐씩 일하는 것을 말해요.

07 소비자의 권리

- 소비자는 똑똑해

민우 엄마는 홈쇼핑 광고를 보고 천연 소가죽 구두를 샀어요. 그런데 상품을 받고 보니 소가죽이 아니라 인조가죽이었지 뭐예요? 이럴 때는 어떻게 해야 할까요?

사람들은 열심히 일해서 번 돈으로 필요한 물건을 사서 써요. 그런데 간혹 민우 엄마처럼 부풀려진 광고를 보고 잘못 사거나 불량품을 사는 경우가 종종 있어요. 이럴 때는 이미 산 물건이므로 그냥 써야 할까요?

우리나라에서는 소비자 보호법을 만들어 소비자가 피해를 입었을 때 도움을 받을 수 있도록 하고 있어요. 그러므로

● 요점 정리
소비자에게는 권리를 침해받았을 때 보호받을 수 있는 권리가 있어요.

거짓 광고를 보고 산 물건이나 잘못 만들어진 물건을 샀을 때는 소비자 보호법에 의해 보상을 받을 수 있답니다.
그렇다면 이미 사용한 물건도 바꿀 수 있을까요?
물건을 산 후 마음에 들지 않으면 취소나 환불을 받을 수 있어요. 단 사용하지 않은 상태여야 해요.

- 고쳐 주고 바꿔 주는 리콜

뉴스를 보다보면 '물건에 문제가 생겨 리콜에 들어갔다.'라는 이야기가 종종 나와요.

리콜이란 뭘까요? 리콜이란 말 그대로 이미 판 물건이 잘못 만들어 졌거나, 앞으로 문제가 생길 가능성이 높아서 회사가 다시 거둬 들이는 거예요.

간혹 문제가 있는 물건들이 시장에 나오곤 하죠. 이때 물건을 만든 회사는 잘못된 물건을 고쳐 주거나 새 물건과 바꿔 주어요.

리콜을 하는 회사는 큰 손해를 보겠다고요? 물론 리콜을 하게 되면 그 회사는 당장 손해를 볼 수도 있어요.

● **요점 정리**
리콜이란 이미 판매가 된 불량품을 회사가 다시 바꾸어 주거나 고쳐 주는 거예요.

하지만 오히려 소비자에게는 좋은 이미지를 심어 줄 수도 있답니다.

예를 들어, 여러분이 자전거 가게에서 자전거를 샀는데 자전거를 팔고난 뒤 가게 주인이 자전거에 문제가 있다는 것을 발견했어요. 이때 자전거에 문제가 있다는 것을 가게 주인이 숨기고 모른척 한다면 더 이상 그 가게를 믿을 수 없겠죠? 하지만 리콜을 하는 가게라면 자기 가게 물건에 대한 책임을 지고 노력하는 곳이라는 생각이 들 거예요.

기업도 마찬가지랍니다. 리콜을 하는 회사는 자기 회사의 물건을 끝까지 책임지기 위해 노력하는 좋은 회사랍니다.

08 과소비와 합리적인 소비

― 소비를 잘하면 행복해진다고?

민우는 멋진 장난감 가게를 지날 때마다 가슴이 콩닥콩닥 뛰어요. 새로운 장난감을 볼 때 마다 사고 싶거든요. 여러분은 어떤가요? 이것도 갖고 싶고, 저것도 갖고 싶고……. 이 세상에는 꼭 필요한 물건이 아니라도 갖고 싶은 것이 참 많아요. 하지만 갖고 싶은 물건을 다 가질 수는 없어요. 우리가 소비를 하기 위해서는 돈이 있어야 하거든요. 그런데 돈은 누가 벌어 오나요? 아빠나 엄마가 열심히 일을 해서 벌어 오지요?

부모님이 가족을 위해 열심히 돈을 버는데 이런 소중한 돈을 함부로 쓸 수는 없지요. 그래서 '합리적인 소비'가 필요해요. 필요 없는 물건을 사거나 친구에게 자랑을 하기 위해 명품이나 사치품을 사는 것은 과소비예요. 그렇다면 어떻게 소비를 하는 게 좋을까요? 우리 가족에게 꼭 필요한 물건인지 따져 보고 사야 하지요.

> <톡톡 맞춤지식>
>
> 합리적인 소비 생활을 하려면?
>
> 1. 소득에 맞추어 예산을 세운 뒤 계획적인 소비를 해요.
> 2. 여러 가지 중 만족도가 더 높은 것을 선택해요.
> 3. 장을 보러 가기 전에 꼭 메모를 해요.

● 요점 정리

과소비란 자기 소득에 비해 많은 돈을 쓰는 것이고, 합리적인 소비란 꼭 필요한 물건인지 꼼꼼히 따져 보고 사는 것이에요.

값비싼 물건은 다 좋을까?

'명품'이란 훌륭한 물건이나 작품을 뜻하는 말이에요. 하지만 요즘에는 유명한 상표가 붙은 물건이나 값비싼 물건을 명품이라고 말하지요.

사람들은 대부분 값비싼 물건을 쉽게 사지 못해요. 하지만 값비싼 제품을 유독 좋아하는 사람들도 많아요. 이 사람들 중에는 진짜 돈 많은 부자들도 있지만, 부자가 아니면서 남에게 과시하고 자랑하기 위해 명품을 구입하는 사람도 있어요.

실제로 우리 주변에는 빚을 내서라도 명품을 사는 사람들이 있어요. 명품을 가지고 있으면 남보다 돋보일 거라고 생각하기 때문이죠.

● 요점 정리
명품이란 훌륭한 물건이나 작품을 뜻하는 말이에요. 하지만 요즘에는 비싼 사치품을 명품이라고도 하지요.

그래서 물건을 만드는 회사에서는 남에게 자랑하려는 사람들의 심리를 이용한 사치품을 만들기도 한답니다. 보통 가격이 비싸면 물건이 잘 팔리지 않을 것 같지만, 사치품들은 비쌀수록 오히려 잘 팔린다고 해요.

<톡톡 맞춤지식>
필수품과 사치품의 차이

필수품은 우리 생활에 꼭 필요해서 반드시 구입해야 하는 물건들을 말하고, 사치품은 꼭 필요하지도 않으면서 남들에게 과시하거나 자랑하기 위해 사는 물건들을 말해요.

누구나 부자가 되고 싶어 하지요?
그렇다면 은행에서 돈을 많이 만들어
모두 부자가 되면 좋을 텐데 실제로는
그렇지 않아요. 신용카드, 전자 화폐,
교통 카드 등 점점 편리하게 발달하는
돈에 대해 알아보세요.

돈을 알면 경제가 보여요

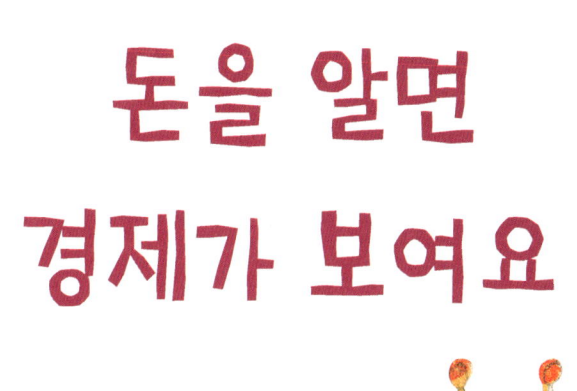

09 돈을 많이 만들면 모두 부자가 될까?

– 돈이 많으면 가치가 떨어진다고?

돈을 많이 만들어 가난한 사람들에게 나누어 주면 모두 부자가 될 수 있을까요? 맞는 말인 것 같지만 사실은 그렇지 않아요. 돈이 많아지면 돈의 가치가 떨어지게 되거든요. 예를 들어 1000원짜리 과자가 있는데 돈을 많이 만들면 사람들은 과자를 쉽게 사 먹으려고 하겠죠?
과자 회사가 과자의 가격을 2000원으로 올리면 소비자는 2000원에 과자를 사 먹게 돼요. 예전 같으면 1000원에 과자

옛날엔 두 봉지 사 먹을 수 있었는데……

> ● **요점 정리**
> 돈을 많이 만들면 돈의 가치가 떨어지고 물가가 오르게 돼요.

를 두 봉지 살 수 있겠지만 물가가 올라서 한 봉지밖에 살 수 없게 되는 것이지요. 가격이 두 배 오른 만큼 돈의 가치는 절반으로 줄어든 셈이에요.

이렇게 시중에 돈이 많아져서 물가가 오르는 것을 '인플레이션'이라고 해요. 인플레이션이 되면 사람들은 큰 혼란에 빠질 수밖에 없어요. 그래서 한국은행은 물가를 안정시키기 위해 적당한 양의
돈을 만든답니다.

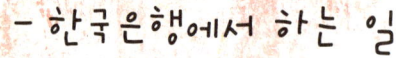
― 한국은행에서 하는 일

한국은행에서도 통장을 만들 수 있을까요? 한국은행도 은행이라는 생각에 일반 은행에서 하는 일을 할 수 있을 것 같지만 한국은행은 다른 은행과 달라요. 한국은행은 예금통장을 만들거나 공과금을 내는 일, 다른 사람에게 돈을 보내는 일은 하지 않아요.

그렇다면 한국은행에서는 어떤 일을 할까요? 한국은행에서는 우리나라의 화폐를 발행하고 외국 돈을 관리해요. 금융기관들이 돈을 맡기고 돈을 빌려 가는 곳이기도 하고요. 그래서 한국은행을 '은행의 은행'이라고 부르기도 하지요.

한국은행에서는 통화량을 조절하는 일도 해요.

나라 안에 돈이 너무 많아 물가가 오르면 통화량을 줄이고, 반대로 돈이 너무 없으면 통화량을 늘리는 거예요.

이외에도 한국은행에서는 우리나라 경제 현상에 대해 조사하고 연구를 해요. 이것을 가지고 국민들이 잘 살 수 있는 여러 가지 정책을 펴요.

10 전자 화폐와 교통 카드

- 눈으로 볼 수 없는 돈

우리가 사용하는 돈은 점점 편리하게 발전해 왔어요. 그래서 지금은 눈으로 볼 수 없는 돈도 생겼답니다. 무슨 돈이냐고요? 바로 '전자 화폐(사이버 머니)' 예요.

전자 화폐는 인터넷으로 물건을 사거나 게임 소프트웨어와 음악, 만화 등을 살 때 현금처럼 쓸 수 있는 돈이에요.

교통 카드를 써 본 적 있나요? 교통 카드는 버스나 지하철을 타기 위해 플라스틱으로 만든 카드에 돈을 충전해서 사용하는 카드예요.

버스나 지하철을 탈 때 교통 카드를 판독기에 대면 요금이 자동으로 계산되어 빠져나

가요. 전자 화폐도 교통 카드와 비슷하다고 생각하면 돼요. 전자 화폐는 컴퓨터를 이용해 물건을 살 수 있지요. 단, 전자 통장에 넣어 둔 돈이 부족하면 아무것도 살 수 없어요.

● 요점 정리
전자 화폐란 인터넷 공간에서 일정한 금액을 충전한 뒤 현금처럼 쓸 수 있는 돈이에요.

- 신용카드는 요술 카드?

가족들과 외식을 하거나 할인 마트에서
장을 보고 난 뒤 부모님이 신용카드를
사용하는 걸 보았지요?
카드 한 장만 내면 뭐든 계산이
되는 걸 보면 정말 신기해요.
신용카드를 사용하면
어떻게 계산이 되는
걸까요?
신용카드를 잘 살펴보면
뒷면에 검은 마그네틱
선이 보일 거예요.
여기에는 우리 눈에는 잘
보이지 않지만 카드 주인의 정보가 숨겨져 있답니다.
계산을 하기 위해 신용카드를 긁으면 카드 주인의 정보가

신용카드 회사로 보내져요. 카드 회사는 그 명세서를 보고 카드 주인 대신 가게에 돈을 내주지요.

카드 주인은 물건을 살 때 바로 돈을 내지 않고, 한 달 단위로 모아서 카드 회사에 돈을 갚아야 한답니다.

만약 약속한 날짜에 돈을 갚지 못하면 신용 불량자가 되어 여러 가지 불이익을 당하게 되지요.

그러므로 신용카드는 갚을 수 있는 금액만큼만 사용하는 게 좋아요.

<톡톡 맞춤지식>
체크카드가 뭐예요?

체크카드는 신용카드와 사용 방법은 같지만 결제 방법이 달라요. 신용카드는 물건을 산 뒤 한 달 단위로 모아서 약속한 날짜에 결제를 하지만, 체크카드는 물건을 사는 즉시 내 통장에 있는 돈이 가게 주인의 통장으로 들어가게 돼요.

11 저축과 이자

- 저축을 하면 왜 이자를 줄까?

만화 가게에서 만화를 빌려 보면 사용료를 내지요? 은행에서 돈을 빌려도 사용료를 내야 해요. 이것이 바로 '이자' 예요. 그런데 은행에 저축을 하는

사람은 이자를 받지만, 은행에서 돈을 빌리는 사람은 은행에 이자를 내야 해요.

예를 들어 은행에서 100만원을 빌렸다고 생각해 봅시다. 은행에서 공짜로 돈을 빌려 주지는 않겠죠? 반드시 돈을 빌린 대가를 내야 해요. 그래서 돈을 빌린 사람은 은행에 이자를 내요.

반대로 은행에 저축을 한 사람은 어떻게 될까요?

만약 이자를 주지 않으면 사람들은 은행에 돈을 맡기지 않을 거예요. 은행에 돈이 없으면 기업이나 돈이 필요한 사람에게 돈을 빌려 줄 수가 없겠지요? 그래서 돈을 맡긴 사람에게 그 대가로 돈을 줘요. 이때 이자는 은행에서 정해 놓은 이자율에 따라 받아요. 이자율이 10%라면, 10만원을 저축하면 이자가 1만원이 되는 거예요.

● 요점 정리
이자는 은행에 돈을 맡기거나 빌려 주는 대가예요.

- 이자가 내려가면 누가 좋을까?

경기를 살리기 위해 금리(이자)를 내린다는 뉴스를 들은 적 있나요?
금리를 내리면 누가 좋을까요?
은행에 천만 원을 저축해 놓은 사람이 있어요. 이 사람은 예금 금리가 5%라고 했을 때 1년에 50만 원의 이자를 받아요. 이 사람은 금리가 오르는 게 좋을까요, 내리는 게 좋을까요?

금리가 1% 올라 예금 금리가 6%가 되면, 이 사람은 은행에서 60만 원의 이자를 받을 수 있어요. 하지만 1%가 내려 예금 금리가 4%가 된다면, 은행에서

40만 원밖에 못 받겠죠?

저축을 하는 사람에게는 금리가 오르는 게 더 좋은 것 같아요.

반면 은행에서 천만 원을 빌린 사람이 있어요. 이 사람은 1년에 50만 원씩 은행에 이자를 냈어요. 그런데 금리가 더 오른다면 어떻게 될까요?

5%였던 대출 금리가 1% 올라서 6%가 되면 60만 원을 내야하고, 반대로 1% 내려서 4%가 되면 40만 원을 내야 해요.

금리가 내리면 내릴수록 이자 부담이 줄어들지요. 따라서 은행에서 대출을 받은 사람에게는 금리를 내리는 일이 훨씬 좋은 일이에요.

> <톡톡 맞춤지식>
> ### 예금 금리보다 대출 금리가 더 높아요
>
> 예금을 한 뒤 받게 되는 이자를 '예금 금리'라고 하고, 대출을 한 뒤 내야 하는 이자를 '대출 금리'라고 하는데 예금 금리보다 대출 금리가 훨씬 높답니다. 그 이유는 은행도 이윤을 남겨야 하기 때문이에요.

12. 우리가 저축한 돈은 어떻게 쓰일까?

- 저축이 쓰이는 곳

한푼 두푼 모은 돈을 은행에 저축했어요. 이 돈은 은행 금고 속에 안전하게 보관만 하고 있을까요? 은행이 하는 가장 중요한 일은 예금을 받고 대출을 해 주는 일이에요. 만약 집을 사기 위해 목돈이 필요한데 돈이 모자란다면 은행에 가서 돈을 빌릴 수 있어요. 그렇다면 이 돈들은 모두 어디에서 생겼을까요?

● 요점 정리
사람들이 저축한 돈은 큰돈이 되어 돈이 필요한 사람이나 기업에게 돈을 빌려 준답니다.

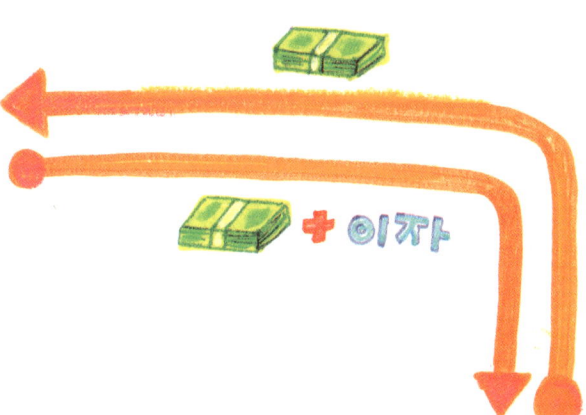

바로 우리가 저축한 돈이랍니다.
그렇다면 은행은 공짜로 돈을
빌려 줄까요?

절대 그럴리가 없지요.
은행은 우리가 맡긴 돈을 돈이 필요한
사람에게 이자를
받고 빌려 준답니다.

- 저축의 종류

저축의 종류에는 여러 가지가 있어요. 크게 보통 예금과 정기 예금, 정기 적금이 있지요. 이 셋은 저축을 하는 방법과 돈을 찾을 수 있는 시기가 모두 달라요.

【보통 예금】

보통 예금은 언제든지 돈을 넣고 뺄 수 있는 예금이에요. 은행의 입장에서는 고객이 언제 찾아 쓸지 모르는 돈이므로 안정적으로 돈을 굴릴 수가 없기 때문에 이자율이 아주 낮지요. 고객들도 보통 예금 통장에 장기간 목돈을 넣어 두는 사람은 거의 없어요.

【정기 예금】

정기 예금은 목돈을 한꺼번에 맡겨 두는 거예요. 보통 100만 원 이상의 목돈만 정기 예금에 들 수 있어요. 정기 예금에 들면 약속한 날이 되어야 돈을 찾을 수 있어요. 대신 이자율이 높지요. 만약 약속한 날이 되기 전에 돈을 찾게 되면 이자율이 낮아진답니다.

【정기 적금】

정기 적금은 매달 정해진 돈을 꾸준히 저금을 하는 것으로, 1년짜리 정기 적금을 들었다면 1년 동안 꾸준히 일정한 돈을 넣어야 해요. 보통 목돈 마련을 위해 정기 적금을 하며, 보통 예금보다 이자율이 높답니다.

13 옛날에도 보험이 있었을까?

- 보험이 뭐예요?

'내가 병에 걸리면 어떡하지?', '길을 가다 넘어지면 어떡하지?' 여러분은 이런 걱정을 해 본 적 있나요?

사람이 살다보면 크고 작은 사고를 당할 때가 종종 있어요. 갑자기 가족이 크게 아파 수술을 해야 할 수도 있고, 사고가 나서 다칠 수도 있으며, 집에 불이 날 수도 있지요. 살다보면 예측할 수 없는 일들이 종종 일어난답니다. 더구나 요즘은 사회가 복잡해지고, 자동차와 비행기를 많이 이용하면서 사고의 위험이 더 높아졌어요.

만약 뜻하지 않는 사고가 생겨 한꺼번에 목돈이 필요하면 어떻게 해야 될까요?

보험은 예상치 못한 사고가 났을 때, 사고를 당한 사람에게 보상을 받게 해 주는 금융 상품이에요.

보험의 혜택을 받기 위해서는 보험회사에 가입한 뒤 정해진 금액의 돈을 내야 해요. 이 돈을 '보험료'라고 하고, 사고가 났을 때 받는 돈을 '보험금'이라고 하지요.
보험은 여러 사람이 낸 보험료를 모아 사고를 당한 사람을 도와주는 제도랍니다.

- 보험은 어떻게 생겨났을까?

중세 상인들은 값비싼 물건을 배에 싣고 다른 나라와 무역을 했어요. 배를 타고 먼 길을 다니다보면 상인들에게 뜻하지 않은 사고가 일어났어요. 폭풍우로 배가 파손되거나 해적에게 물건을 약탈당하는 일이었지요.
이렇게 뜻밖의 사고로 빈털터리가 된 상인들이 하나씩 생

- **요점 정리**

  오늘날의 보험은 중세 해상무역을 하던 상인들의 모임에서 시작되었어요.

겨나면서 상인들은 사고가 언제 일어날지 가슴을 졸이는 것보다 미리 미리 대비를 하면 좋을 것 같다고 생각했어요. 그래서 상인들끼리 모임을 만들었고, 평상시에 조금씩 돈을 걷었어요. 그리고는 사고를 당해 어려움을 겪는 상인들에게 얼마만큼의 돈을 내주었지요.

오늘날의 보험은 이렇게 시작되었어요.

14 신용이 뭐예요?

- 신용은 개인의 재산

'신용'이란 사람에 대한 '믿음'이에요. 신용이 있다는 것은 그 사람이 약속을 잘 지키고 또 틀림없는 사람이라는 뜻이지요. 이 세상은 나 혼자만 사는 것이 아니라 다른 사람들과 어울려 살아야 해요. 그래서 신용이 중요하답니다.

만약에 친구가 돈을 빌려 가면서 약속한 날짜에 돈을 돌려 주지 않으면 어떨까요? 다시는 그 친구에게 돈을 빌려 주고 싶지 않을 거예요.

이솝이야기에 나오는 양치기 소년은 마을 사람들에게 자주 거짓말을 해서 신용을 잃었어요. 그래서 정작 늑대가 나타났을 때 마을 사람들의 도움을 받지 못하고 늑대에게 양을 모두 잃고 말았지요.

양치기 소년의 이야기처럼 신용은 아주 중요한 거예요. 신용을 잃게 되면 내가 무슨 말을 하더라도 사람들이 잘 믿지 않고, 은행의 도움을 받기도 힘들게 돼요. 신용은 재산이나 마찬가지거든요.

그럼 평상시에 신용 관리를 어떻게 하는 게 좋을까요?

신용은 사람들과의 약속을 잘 지키는데서 시작돼요. 그러므로 아무리 사소한 약속이라도 꼭 지키는 게 좋답니다.

– 신용 불량자는 어떤 사람일까?

'신용 불량자'란 신용이 나쁜 사람이에요. 신용은 '돈을 약속한 날에 잘 갚을 수 있는 능력'이라고 할 수 있어요. 은행이나 금융기관에서 돈을 빌렸는데 약속한 날짜에 갚지 못하면 신용 불량자가 돼요.

신용 불량자가 되면 여러 면에서 불이익을 받을 수 있어요. 돈이 필요해서 금융기관에 대출을 신청할 경우, 거절을 당하거나 비싼 이자를 내야 해요. 직장을 구할 경우에도 마찬가지예요. 신용이 없는 사람을 좋아할 회사는 없으니까요. 또한 친구나 가족, 친척들과도 좋은 관계를 유지하기가 힘들어요. 친구가 자주 돈을 빌려 가서 갚지 않는다고 생각해 보세요. 정말 속상하겠지요?

> ● **요점 정리**
> 금융기관에서 빌린 돈을 약속한 날짜에 갚지 못하게 되면 신용 불량자가 돼요.

15 우리나라 최초의 화폐는 뭘까?

- 우리나라 화폐의 발달

우리나라 최초의 화폐는 바로 '건원중보'랍니다. 건원중보는 고려 시대 성종 15년에 만들어졌어요. 건원중보의 모양을 보면 가운데 네모난 구멍이 뚫어져 있어요.

그 후 1101년에 은으로 만든 은병과 조각으로 잘라서 사용하는 쇄은이 만들어졌어요. 하지만 이런 화폐들은 귀해서 일반 백성들은 사용할 수 없었다고 해요.

조선 시대에 들어와서 만들어진 것이 바로 우리나라 최초의 지폐인 '저화'예요.

1950년대 백 원권

고려 시대
건원중보

조선 시대
상평통보

1950년대 천 원권

저화는 닥나무 껍질로 만든 종이돈으로, 일반 백성들은 사용할 수 없는 큰돈이었지요. 아무나 편리하게 사용할 수 있는 돈이 만들어진 것은 조선 후기였어요. 숙종 4년에 '상평통보'가 만들어진 것이죠.

'상평'이라는 말은 항상 가치가 똑같아서 누구나 쉽게 이용할 수 있다는 뜻이에요. 상평통보로 인해 백성들의 생활은 정말 편리해졌어요. 상평통보는 근대 화폐가 만들어지기 전까지 아주 오랫동안 사용되었답니다.

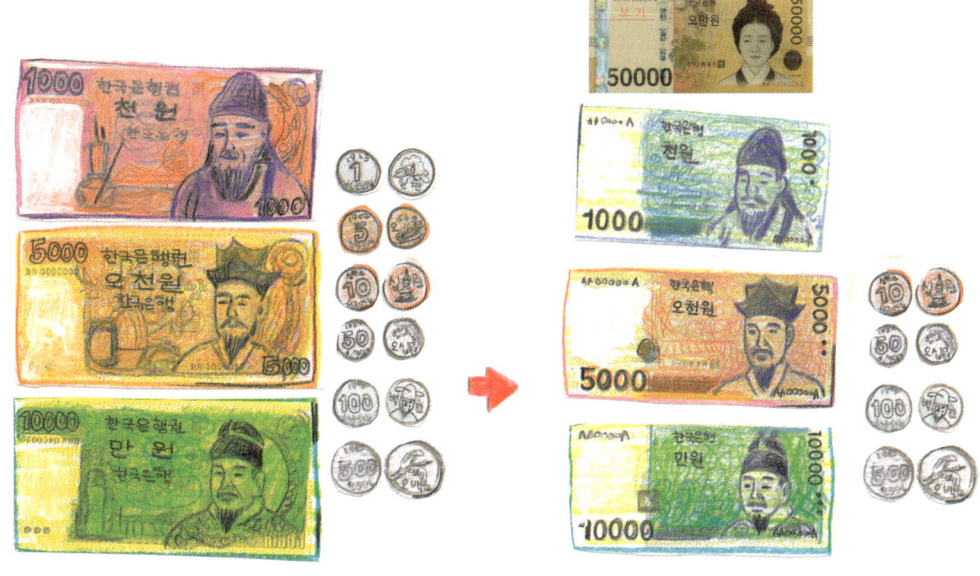

1983년 ~ 2006년 　　　　　　　　　현재

- 세계 최초의 지폐는 어느 나라에서 만들었을까?

중국은 종이를 발명한 나라로 유명하죠?
세계 최초의 지폐는 바로 중국에서 만들어졌어요.
지폐가 만들어진 것은 남송 시대였어요. 남송 시대는 다른 나라와의 무역이 활발했던 시대였어요.
물론 북송 시대에도 돈의 역할을 하던 '교자'라는 것이 있었다고 해요. 이후 남송 시대 때 종이로 된 문서를 만들었는데, 이것이 바로 세계 최초의 지폐랍니다.
당시만 해도 지폐는 보증 문서나 마찬가지였어요. 상인들은 정부에 금과 은을 맡겼고, 정부는 상인들의 금과 은을 보관하고 있다는 표시로 지폐를 만들어 주었어요. 이 종이

문서만 있으면 금과 은을 들고 다닐 필요가 없었어요. 덕분에 중국 상인들은 세계 최초의 지폐를 가지고 다니며 편리하게 무역을 할 수 있었지요.

16 유로화는 왜 생겼을까?

― 유럽의 현재 23개 나라가 사용하는 화폐

유로화는 유럽의 현재 23개 나라들이 사용하는 지폐로, 2002년 1월 1일부터 사용하게 된 돈이죠. 그전까지 유럽의 여러 나라들은 각기 다른 화폐를 사용했어요.

그러다 보니 불편한 점이 한 두 가지가 아니었어요. 다른 나라로 여행을 다니거나 물건을 사고 팔 때마다 돈을 바꿔야 했거든요. 그래서 유럽의 15개 나라들은 똑같은 화폐를 사용하기로 했고, 그래서 만들어진 것이 바로 유로화예요.

그럼, 유로화 구경을 해 볼까요?

대문자로 'EURO' 라고 쓰

여 있는 것이 보이지요? 유로화에는 모두 이런 글자가 쓰여 있어요. 재미있는 것은 유로화의 앞면에는 모두 건축물들의 문과 창문이 그려져 있다는 거예요. 이것은 유럽의 화합과 개방을 의미하는 뜻에서 그려 넣은 것이라고 해요.

> **<톡톡 맞춤지식>**
> **유로화 속 그림 구경을 해볼까?**
>
> 5유로에는 그리스 로마 양식의 창문이 그려져 있고, 50유로에는 르네상스 건축 양식의 문, 1백 유로에는 바로크 건축 양식의 문, 2백 유로에는 철과 유리 건축 양식의 문, 5백 유로에는 20세기 건축 양식의 문이 그려져 있어요.

100유로 앞면 모습

500유로 앞면 모습

과일과 채소가 우리 밥상에 오르기까지
수많은 과정을 거치면서 가격이
결정되어요. 뿐만 아니라 시장의 수요와
공급에 따라서 가격도 달라져요.
조선 시대 선비 허생은 매점매석으로
돈을 벌었다지요?
시장에서 경제를 배워 보세요.

17 시장은 왜 생겼을까?

- 필요한 물건을 편하게 사는 방법

시장에 가면 정말 많은 종류의 가게들이 모여 있어요. 채소 가게와 과일 가게도 있고, 생선 가게와 정육점도 있고, 옷 가게와 신발 가게도 있고……, 없는 거 빼고 다 있어요.

그런데 만약 이 물건들이 우리나라 곳곳에 흩어져 있다면 어떻게 될까요?

과일이나 채소를 사려면 농촌으로 가야 하고, 물고기를 사려면 어촌으로 가야 하고, 신발을 사려면 신발 공장을 직접 찾아가야 하겠죠?

실제로 옛날 사람들은 필요한 물건을 사기 위해 먼 길을 찾아다녔어요. 그러다 보니 길을 오고 가다가 물건이 상하는 일도 많았고, 잃어버리기도 했지요. 그래서 사람들은 장소를 정해 놓고 만나기 시작했어요. 먼 길을 가지 않고도 필요한 물건을 쉽게 구할 수 있게 되면서 많은 사람들이 찾아들었지요. 이렇게 시장은 필요한 물건을 좀 더 편하고 쉽게 구하기 위해 생겨났답니다.

18 산업과 생산자

- 필요한 것을 만드는 산업

사람이 살기 위해서는 여러 가지가 필요해요. 옷과 신발도 필요하고, 음식도 먹어야 하고, 편히 쉬고 잠을 잘 수 있는 집도 있어야 해요. 편하게 이동하기 위해서는 자동차도 필요하고, 정보 검색을 하기 위해서는 컴퓨터도 필요해요.

산업이란 우리에게 필요한 것들을 만들어 내는 일이에요. 예를 들어 쌀을 생산하고 과일이나 야채를 재배하는 일, 밀가루로 과자나 빵을 만드는 것, 나무로 책상을 만드는 일, 바다에서 얻은 수산물로 통조림 등의 가공품을 만드는 것도 산업이에요.

뿐만 아니라 음식점이나 슈퍼마켓에서 여러 가지 물건을 판매하는 일, 버스나 택시로 사람을 이동시켜 주는 일도 산업에 속한답니다.

- 청소도 생산일까?

옛날 사람들은 자기가 필요한 물건을 모두 직접 만들어 썼어요. 쌀농사와 채소 농사도 직접 지었고, 옷과 신발도 직접 만들어 입었지요. 하지만 지금은 어떤가요? 자기가 쓸 물건을 모두 만들어 쓰는 사람은 없어요. 다른 생산자들이 만든 물건을 사서 쓸 뿐이지요.

생산자란 생산 활동을 하는 사람이에요. 보통 생산이라고 하면 공장에서 물건을 만드는 일만 생각하는데, 농사를 짓고 고기를 잡는 것도 모두 생산이에요.

여러분도 집에서 부모님을 도와 집안일을 거들거나 청소를 한 적이 있지요? 청소도 넓은 의미의 생산 활동이랍니다.

> ● **요점 정리**
> 생산자란 생산 활동을 하는 사람, 즉 인간이 생활하는데 필요한 것들을 만들어 내는 사람이에요.

― 비법? 바로 분업이지!

흥부가 떡집을 차렸어요. 떡집에는 손님들이 바글바글했지요. 샘이 난 놀부도 바로 옆집에 떡집을 차렸어요.

떡을 만들려면 쌀을 빻아 가루로 만들고, 반죽을 해서 찐 다음에 떡을 포장해야 했죠.

그런데 흥부네 떡집은 하루에 떡을 30개나 만드는데 놀부네 떡집은 겨우 3개밖에 못 만드는 거예요. 흥부네와 놀부네는 직원도 똑같이 3명씩 있었는데 왜 놀부네는 떡을 조금밖에 못 만드는 걸까요?

놀부는 분명 무슨 비밀이 있을 거라고 생각했어요. 그래서 흥부네 떡집으로 가서 떡 만드는 걸 훔쳐봤더니 한 사람은 쌀을 빻아 가루로 만들고, 다른 사람은 떡을 찌고, 마지막

● 요점 정리
각각의 분야를 나누어서 일을 하는 것이 분업이에요.

사람은 떡을 포장하고 있었어요.
이같이 자기가 맡은 일만 하는
것이 '분업'이에요.
분업을 하면 훨씬 빨리 일을 할 수 있어요. 왜 그럴까요?
한 사람이 떡을 한 개씩 만들어야 한다고 생각해 보세요.
이 사람은 떡 만드는 모든 일을 혼자 해야 하므로 힘이 들어요. 하지만 분업을 하게 되면 자기 일만 배우면 되니까 힘이 덜 들어요. 또 같은 일만 반복하면서 그 일에 전문가가 될 수 있지요.

19 판매자와 소비자

- 물건을 파는 판매자

생산자가 물건을 만드는 사람이라면 판매자는 물건을 파는 사람이에요.
옛날의 시장은 생산자가 직접 물건을 가지고 나와 팔았어요. 쌀이 남으면 쌀을 가지고 나와 팔았고, 물고기가 남으면 물고기를 가지고 나와 팔았어요.

하지만 시장이 커지면서 생산자가 시장에 직접 나오지 않고, 전문적으로 물건을 파는 사람들이 하나둘 생겨나게 되었지요. 이런 사람을 '판매자'라고 해요.

판매자는 생산자가 만든 물건을 산 다음 거기에 약간의 이익을 붙여 소비자들에게 팔아요.

지금은 여러 종류의 시장, 백화점과 대형 슈퍼마켓 등에 판매자들이 정말 많아졌어요.

- 물건을 사는 소비자

소비자란 필요한 물건을 사서 사용하는 사람이에요. 옛날에는 물건이 필요한 사람들이 직접 물건을 만들어 쓰다가 남는 물건을 조금씩 팔았어요. 때문에 물건의 양이 많지 않았어요. 그래서 물건이 마음에 들지 않아도 사야 하는 경우가 많았지요.

하지만 지금은 돈만 주면 우리 생활에 쓰이는 온갖 물건들을 쉽게 구할 수 있게 되었어요. 게다가 시장도 많아졌어요. 집 앞의 작은 슈퍼에서부터 대형 할인 마트와 백화점, 재래시장까지 셀 수 없을 정도로 많은 시장들이 생겨났어요.

소비자들은 원하는 곳에서 마음에 드는 물건을 골라 살 수 있어요. 그래서 요즘 소비자들은 똑같은 종류의 옷이라도 이것저것 꼼꼼히 따져보고 마음에 들지 않으면 다른 시장을 찾아가기도 해요.

<톡톡 맞춤지식>
똑똑한 소비자가 되려면?

똑똑한 소비자가 되려면 필요한 물건을 고를 때 품질과 디자인 등을 꼼꼼히 살펴보고 사야 해요. 또 미리 가격에 대한 정보나 지식을 익혀서 어떤 곳에서 어떤 방법으로 사는 것이 좋은지 알아보고 사야 해요.

20 귀한 물건일수록 비싼 이유는?

- 다이아몬드가 돌멩이만큼 많아진다면?

먼 옛날 어떤 탐험가가 신대륙을 찾아 떠났어요. 그는 항해를 계속해서 엄청난 양의 금과 향신료가 있는 신대륙을 발견했지요.

금과 향신료는 모두 값비싼 물건들이었어요. 그런데 재밌는 사실은 그곳 사람들은 금과 향신료를 길가에 뒹구는 돌멩이 정도로 생각했다는 거예요. 그 나라에서는 금과 향신료가 너무 흔했으니까요.

다이아몬드는 비싸서 아무나 가질 수 없는 보석이에요.

만약 과학의 발달로 다이아몬드를 맘껏 만들 수 있다면 어떻게 될까요?

다이아몬드가 길가의 돌멩이만큼이나 많아진다면
사람들은 지금처럼 보석이라고 생각을 할까요?
아니에요. 아무리 멋진 다이아이몬드라고 할지라도
그저 반짝이는 예쁜 돌멩이라고 생각을 할 거랍니다.
이 세상의 모든 물건은 귀할수록 가치가 올라가니까요.

21 수요와 공급

― 가격이 오르면 수요가 줄어요

수요란 소비자들이 돈을 주고 어떤 물건이나 서비스를 사려는 것을 말해요. 그러므로 수요가 많다는 것은 사려는 사람이 많다는 뜻이지요.

수요는 가격의 영향을 많이 받아요. 가격이 오르면 수요가 줄어들고 가격이 내리면 수요가 늘어나거든요. 이것을 '수요의 법칙'이라고 해요. 예를 들어 어제까지 만 원에 팔던 신발을 오늘 하루만 5천 원에 판다고 생각해 봅시다.

신발 가격이 내리면 평소 비싸서 못 샀던 사람들도 신발을 사려고 할 거예요. 그러므로 수요가 늘어난답니다.

● 요점 정리
수요란 소비자들이 어떤 물건이나 서비스를 사고 싶어 하는 것을 말해요.

수요는 돈을 많이 벌면 늘어나고,
돈을 적게 벌면 줄어들어요.
만약에 이번 달 용돈을 두둑하게
받았다면 어떻게 할까요?
그동안 사지 못했던 물건을
사고 싶겠죠?
하지만 반대로 용돈이
줄어들면 가능한 돈을 쓰지
않으려고 할 거예요.
수요는 날씨의 영향도 받아요.
사람들은 날이 추우면 따뜻한
것들을 찾고, 날이 더우면
시원한 것들을 찾거든요.

- 가격이 오르면 공급이 늘어나요

공급은 상품을 팔기 위해 물건을 시장에 내놓는 것이에요. 예를 들어 컴퓨터를 만드는 사람은 컴퓨터를 팔기 위해 시장에 내놓아요. 이것이 공급이에요. 공급은 가격에 따라 변해요. 가격이 오르면 공급이 늘어나고 가격이 내리면 공급이 줄어들지요.

컴퓨터가 인기가 많아져서 가격이 오르면 컴퓨터를 만드는 사람은 컴퓨터를 많이 만들어 공급을 늘여요. 또 어떤 물건을 만드는 데 적은 돈이 들어도 공급이 늘어나요.

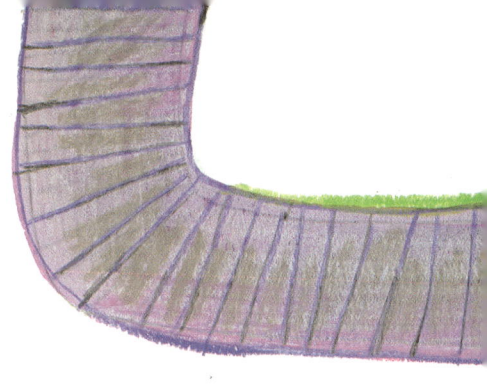

만약 밀가루와 설탕의 가격이 내리게 되면 빵을 만드는 데 돈이 덜 들겠죠? 빵을 만드는 사람은 이익이 많이 나므로 더 많은 빵을 만들려고 할 거예요.

● 요점 정리

공급은 소비자가 원하는 상품이나 서비스를 제공해 주는 것을 말해요. 가격이 오르면 공급이 늘어나고, 가격이 내리면 공급이 줄어들지요.

22 물건 값은 어떻게 결정될까?

― 과일과 채소가 우리 밥상에 오르기까지

오늘 아침 밥상에 올라온 과일과 채소는 어떻게 우리 밥상까지 오르게 된 걸까요?

과일이나 채소는 농촌에서 기른 것들이에요. 이것들은 여러 과정을 통해 우리 밥상에 올라와요. 이 과정을 '유통'이라고 해요.

그럼 상품들이 어떻게 우리에게 오는지 알아볼까요?

생산자 ➡ 도매상 ➡ 소매상 ➡ 소비자

예를 들어 사과 재배지로 유명한 지역에서 사과를 키우는

요점 정리

사과가 생산자 → 도매상 → 소매상 → 소비자를 거치는 것을 '유통 단계'라고 해요.

농부 아저씨가 맛있게 익은 사과를 따서 농산물 도매시장에 가져가요. 도매시장에서 농부 아저씨가 도매상에게 사과를 팔고, 도매상은 다시 슈퍼마켓이나 상점 같은 소매상에게 사과를 팔아요. 그리고 소비자는 슈퍼마켓이나 상점에서 사과를 사 먹지요.

사과는 이렇게 생산자 → 도매상 → 소매상 → 소비자 순으로 우리에게 오는 거예요. 이것을 '유통 단계'라고 해요.

대부분의 상품들은 이러한 유통 단계를 거치면서 가격이 정해져요.

이때 유통 단계마다 조금씩 이윤이 붙지요.

- 같은 물건인데 왜 가게마다 가격이 다를까?

같은 물건인데도 가게마다 조금씩 물건 값이 달라요. 그 이유는 같은 물건이라도 유통 단계를 더 거칠수록 많은 비용이 들기 때문이에요.

그럼 고구마의 경우를 살펴볼까요?

농부는 잘 기른 고구마를 산지 유통인에게 넘겨요. 산지 유통인은 고구마를 캐서 도매시장으로 가져가지요.

이때 고구마를 캐고 차에 싣고 나르는 일을 할 사람들이 필요하겠죠? 산지 유통인은 이런 일을 한 사람에게 돈을 주

생산자 → 산지 유통인 → 도매상 → 소매상 → 소비자
200원 300원 400원 500원

> **요점 정리**
> 유통 과정마다 이윤을 남기기 때문에 유통 과정이 길수록 가격이 비싸져요.

어야 해요. 또 도매시장까지 싣고 가기 위해서는 기름 값도 들 거예요. 산지 유통인은 고구마 가격에 이런 비용들을 모두 포함시켜요. 물론 자신의 이윤도 더하지요.

반면 유통 과정을 줄이면 소비자는 고구마를 더 싸게 살 수 있어요. 농촌에서 생산된 고구마는 이렇게 여러 단계를 거치면서 가격이 달라진답니다. 그래서 같은 물건이라도 어떤 가게에서 파느냐에 따라 물건 가격이 다르답니다.

23 홈쇼핑과 직거래 장터

- 집에서 하는 쇼핑, 홈쇼핑

"지금 바로 주문하세요!"
텔레비전에서 나오는 이 소리 기억하시나요?
요즘 엄마들은 거실 소파에 앉아 텔레비전으로 상품을 구경해요. 그래서 마음에 들면 전화로 주문을 하지요. 이것이 바로 '홈쇼핑'이에요.
필요한 물건을 사러 갈 시간이 부족한 사람들에게 홈쇼핑은 아주 편리한 시장이지요. 홈쇼핑을 이용하면 직접 돌아다니며 물건을 고르지 않아서 편하고, 쇼핑 호스트가 물건의 사용법까지 차근차근 가르쳐 줘요.

● 요점 정리
홈쇼핑이란 외출하지 않고 집에서 물건을 사는 것을 말해요.

소비자는 화면으로 상품을 보지만 마치 직접 입고 먹고 맛보고 사용해 보는 듯한 착각이 들지요. 그래서 홈쇼핑은 지금 새로운 시장으로 당당히 자리를 잡았답니다.

– 생산자가 직접 파는 직거래 장터

"갓 잡아온 싱싱한 해물 사세요!"
"직접 농사 지은 맛있는 과일 사세요!"
민우가 사는 아파트 공터에는 매주 화요일마다 흥겨운 장터가 열려요. 바로 볼거리와 먹을거리가 풍성한 직거래 장

터지요. 직거래 장터는 생산자가 직접 자기의 상품을 가져와 소비자에게 파는 곳이에요. 혹시 엄마를 따라 농협이나 수협 공판장 같은 곳에 간 적 있나요? 이곳들은 모두 생산자와 소비자가 직접 거래를 하기 위해 만들어진 곳이에요. 그럼 생산자와 소비자가 직접 거래를 하면 뭐가 좋을까요?

첫째, 가격이 저렴해요. 유통 단계를 거칠 때마다 가격이 조금씩 오른다고 했죠? 직거래 장터는 유통 단계를 줄였기 때문에 가격이 저렴해요.

둘째, 상품이 싱싱해요. 직접 기른 농산물을 바로 수확해서 가져오기 때문에 상품이 신선하고 좋아요.

● 요점 정리
직거래 장터란 생산자가 직접 자기의 상품을 가져와서 소비자에게 파는 곳을 말해요.

24 자장면을 시켜 먹으면 왜 쿠폰을 줄까?

― 자장면과 마일리지

중국집에서 자장면을 시켜 먹을 때 쿠폰을 받아 봤지요? 이 쿠폰을 모으면 탕수육을 공짜로 시켜 먹을 수 있어요. 단, 같은 가게에서 준 쿠폰만 모아야 하지요.

요즘에는 쿠폰이나 보너스 점수를 주는 가게들이 참 많아요. 중국집뿐만 아니라 치킨 가게, 피자 가게 등 많은 곳에서 쿠폰이나 보너스 점수를 준 뒤 이것을 모으면 공짜로 선물을 주고 있어요. 이런 서비스를 '마일리지'라고 해요.

가게들이 마일리지를 주는

<톡톡 맞춤지식>
왜 마일리지라고 할까?

항공사는 승객이 여행한 거리를 마일(mile)로 계산해서 보너스 점수를 주었어요. 이것을 마일리지 제도라고 하는데, 항공사의 마일리지 제도를 도입해 왔기 때문에 '마일리지'라는 말이 생겼어요.

이유는 자기네 가게만 찾게 하기 위해서예요. 예를 들어 우리 동네에 중국집이 다섯 군데나 돼요. 마일리지가 없을 때는 아무데서나 자장면을 시켜 먹겠지만 쿠폰을 30장 모으면 탕수육 한 그릇을 공짜로 준다고 하면, 소비자 입장에서는 이왕이면 같은 가게에서 자장면을 시켜 먹겠죠?

● 요점 정리
가게들이 쿠폰이나 보너스 점수같은 마일리지를 주는 이유는 단골손님을 만들기 위해서예요.

25 독점과 담합

- 독점은 왜 나쁠까?

만약 우리 동네에 빵 가게가 한 곳밖에 없다면 어떻게 될까요? 빵이 아무리 비싸도 어쩔 수 없이 그 가게에서 빵을 사 먹어야겠지요? 하지만 빵 가게가 하나 더 있다면 어떻게 될까요? 가격은 어느 빵집이 더 저렴한지, 맛은 어디가 더 좋은지, 또 서비스는 어디가 더 좋은지를 비교 한 뒤 빵을 사게 될 거예요. 빵 가게들은 자기 가게 빵을 더 팔기 위해 경쟁을 하게 돼요. 빵도 더 맛있게 만들고, 손님에게 더 친절하게

어느 빵집에 갈까?

대해 줄 거예요. 그런데 어떤 상품을 만드는 기업이 하나라면 어떨까요? 이런 기업을 '독점'이라고 해요. 독점은 아니라도 어떤 상품이나 서비스를 제공하는 기업이 많지 않은 경우도 있어요. 이런 경우를 '과점'이라고 하지요.

독점과 과점 기업은 자기 마음대로 상품 가격을 올리거나 상품의 품질을 떨어뜨릴 수도 있어요. 그러면 그 피해는 고스란히 소비자에게 돌아온답니다.

― 허생이 돈을 번 방법, 매점매석

허생은 조선 시대의 가난한 선비였어요. 그는 10년을 목표로 공부를 하던 중이었어요. 그런데 집이 너무 가난해서 당장 돈을 벌어야 했어요. 그래서 그는 큰 부자를 찾아가 돈을 빌리지요. 그 돈을 가지고 허생은 경기도 안성으로 갔어요. 허생은 그곳에서 제사상에 오르는 대추, 밤, 감, 배 등을 모두 사들였어요. 얼마 후 안성에는 난리가 났어요. 제사상에 올리는 과일을 하나도 구할 수가 없었거든요. 우리나

나도 허생처럼 돈을 벌어야지.

라는 조상의 제사를 지내는 일을 아주 중요하게 생각해요. 그런데 제사상에 올리는 과일이 없으면 어떻게 되겠어요? 비싼 가격을 주고라도 꼭 사겠지요? 결국 허생은 열 배나 비싼 가격에 과일들을 되팔아 큰돈을 번답니다. 허생이 돈을 번 방법이 바로 '매점매석'이에요. 매점매석이란 물건 값이 오를 것을 예상하고 큰 이익을 얻기 위해 물건을 모두 사들이는 것을 말해요. 공급이 부족하면 물건 값이 오를 수밖에 없어요. 결국 물건을 필요로 하는 소비자는 비싼 가격에도 불구하고 물건을 사야 하지요.

꿈 깨셔! 요즘에는 외국에서도 과일을 들여온다구!

● 요점 정리
매점매석이란 물건 값이 오를 것을 예상하고 물건을 모두 사들이는 것이에요.

– 가게들은 왜 똑같이 가격을 올릴까?

밀가루를 만드는 회사들이 서로 짜고 가격을 올렸다는 뉴스를 들어 봤나요?
이렇게 물건을 공급하는 사람들이 서로 힘을 합해 가격을 올리는 것을 '담합'이라고 해요.
기업들은 서로 자유롭게 경쟁을 해야 해요. 그런데 경쟁을 하다보면 가격이 내려가서 이익이 얼마 남지 않아요. 그래서 가끔 담합을 하여 가격을 올리는 회사들이 있어요.

담합은 물건을 만드는 회사들만 이익을 보는 일이에요. 소비자 입장에서는 손해가 크지요.
예를 들어 우리 동네에 치킨 가게가 두 곳 있다고 생각해 보세요. 두 가게는 서로 손님들을 끌기 위해 가격도 내리고 친절하게 행동할 거예요.

그런데 치킨 가게 주인들이 "우리 피곤하게 경쟁하지 말고 가격을 올립시다."라고 한다면, 치킨을 먹고 싶은 사람들은 울며 겨자 먹기로 치킨을 사 먹을 수밖에 없어요. 그렇게 되면 소비자는 비싼 돈을 내고 치킨을 사 먹어야 하므로 손해예요.

담합은 당장은 기업에게 이익이에요. 하지만 더 좋은 상품을 만들려는 노력을 하지 않게 되므로 결국은 발전을 하지 못해 시장에서 살아남을 수가 없답니다.

● 요점 정리
담합이란 물건을 공급하는 사람들이 힘을 합쳐 가격과 공급량을 조절하는 것을 말해요.

나라와 나라 사이에 서로 물건을
사고파는 것이 무역이래요.
나라마다 돈이 다르기 때문에
무역을 하려면 환율을 알아야 하지요.
나라마다 자기 나라 상품을 보호하는
보호무역을 하면서 균형 있게
물건을 사고팔아요.

세계를 보면 경제가 보여요

26 환율과 수출

- 환율이 오르면?

환율이란 서로 다른 두 나라의 돈을 교환하는 비율이에요. 환율이 올랐다는 말은 다른 나라 돈을 바꾸는 데 필요한 우리나라 돈이 더 많이 필요하다는 말이에요.

예를 들어 우리나라에서 샤프를 만들어 파는 어떤 회사가 미국에 있는 회사에 샤프를 수출하고 있어요. 그런데 1달러에 1000원하던 환율이 1200원으로 올랐지 뭐예요?

그동안 1달러를 우리나라 돈 1000원과 바꿀 수 있었지만, 지금은 우리나라 돈 1200원과 바꾸게 된 거예요.

샤프 한 개 가격이 1달러라면, 그동안 샤프 백 개를 팔아 100달러를 받았어요. 하지만 환율이 올라 1200원이 되었다면, 이 회사는 샤프 백 개를 팔아 우리나라 돈 12만 원을 얻었으니 2만 원의 이익이 생긴 것이죠.

결국 환율이 오르면 수출을 할수록 회사는 이익을 얻어요. 하지만 외국에서 수입을 해야 할 경우에는 반대로 손해를 보지요.

- 무역으로 생기는 이익과 손해

신문이나 방송을 보면 무역수지가 흑자가 났다는 말을 사용하지요? 무역수지는 뭐고 흑자는 뭘까요?

용돈 기입장을 적어본 적 있나요? 용돈 기입장에는 한 달 동안 부모님께 받은 돈과 쓴 돈의 내용을 적지요. 부모님께 받는 돈을 '수입'이라고 하고, 쓴 돈을 '지출'이라고 해요. 용돈 기입장을 한 달 동안 쓴 다음 살펴보면, 돈이 남았는지 부족한지 한눈에 알 수 있어요.

용돈 기입장을 다른 나라와 무역을 하여 얻은 수출과 수입을 기록한 것이라고 생각해 보세요. 수출을 해서 벌어들인 돈을 '수입'이라고 생각하고, 수입을 하기 위해 쓴 돈을 '지출'이라고 생각하는 거예요. 여기에서 수입과 지출의

● **요점 정리**
무역수지란 수출을 통해 벌어들인 돈과 수입으로 지출된 돈의 차이를 말해요.

차이가 바로 '무역수지'예요. 무역수지를 보면 우리 나라가 수출을 얼마나 했고 수입을 얼마나 했는지 알 수 있지요.

이때 수출을 해서 번 돈이 많으면 '흑자(+)'가 났다고 하고, 수입을 더 많이 했다면 '적자(-)'가 났다고 하지요. 예를 들어 1년 동안의 우리나라 수출액이 100억 달러이고 수입액이 90억 달러라고 했을 때, 우리나라는 무역수지가 흑자가 난 것이에요.

27 우리나라 돈의 가치

- 우리나라 돈의 가치는 어떨 때 올라갈까?

우리나라 돈의 가치를 알려면 환율을 봐야 해요. 그럼 환율과 우리나라 돈의 가치가 어떻게 변하는지 알아볼까요?
어제까지 환율이 1달러에 1200원이었는데 오늘은 1달러에 1000원으로 내렸어요.
환율이 1달러에 1200원이면 1달러와 우리나라 돈 1200원을 바꿀 수 있다는 말이에요. 또 환율이 1달러에 1000원이면 1달러와 우리나라 돈 1000원을 바꿀 수 있다는 말이고요. 환율이 내리면 100달러를 바꾸는 데 우리나라 돈이 2만 원이나 적게 들지요. 이럴 때 우리나라 돈의 가치가 올라갔다고 말해요.

반대로 환율이 1달러에 1000원에서 1달러에 1200원으로 올랐어요. 이 말은 1달러를 바꾸는 데 1200원이 있어야 한다는 말이에요. 다시 말해, 같은 미국 달러를 바꾸는 데 우리나라 돈이 더 많이 필요하므로 우리나라 돈의 가치가 떨어졌다고 말한답니다.

28 IMF가 뭐예요?

- 나라의 비상금, 외환 보유액

외환 보유액이란 쉽게 말해 나라의 비상금이에요. 우리가 급하게 돈을 써야 할 때를 대비해서 비상금을 준비해 두는 것처럼, 국가도 갑자기 돈을 써야 할 때를 준비해 외국 돈을 가지고 있어야 해요.

그렇다면 외환 보유액은 언제 쓰는 걸까요?

다른 나라에 진 빚을 갚아야 할 때나 환율이 급등할 때 필요해요.

만약 외환 보유액이 너무 적으면 어떻게 될까요? 외국에서 돈을 빌리면 될 것 같다고요? 하지만 그건 쉬운 일이 아니에요.

만약 돈이 없는 친구가 여러분에게 돈을 빌려 달라고 하면 어떻게 할까요? 빌려 주기 싫겠죠? 게다가 갚을 능력도 안 된다면 더더욱 빌려 주기 싫을 거예요.

국가도 마찬가지예요. 잘못하다가는 돈을 못 받을 수도 있기 때문에 외환 보유액이 적은 나라에는 가능한 돈을 빌려 주지 않으려고 한답니다.

- IMF가 어른들을 힘들게 했다고?

'IMF 때문에 힘들었다'라는 말을 들어본 적 있나요? IMF(국제통화기금)는 달러가 부족한 나라에 달러를 빌려주어요. 그런데 IMF(국제통화기금)가 왜 어른들을 힘들게 했다고 하는 걸까요?

1997년 우리나라에 큰 위기가 닥쳤어요. 우리나라의 기업에 투자를 한 외국 투자자들이 한꺼번에 달러를 가져가 버렸거든요. 그래서 외화가 금세 바닥이 났고, 빚을 갚을 달러가 없어서 나라가 망할 지경이 되었어요. 우리나라는 할 수 없이 국제통화기금에 도움을 요청해 돈을 빌려 왔고, 간신히 외환 위기를 넘길 수 있었지

<톡톡 맞춤지식>

국제통화기금(IMF)란?

1944년 제2차 세계대전 이후 세계 경제를 살리기 위해 영국과 미국이 중심이 되어 설립한 것이지요. 현재 185개 나라가 국제통화기금에 가입해 있고, 우리나라는 1955년에 가입을 했답니다.

요. 그 뒤 국제통화기금은 우리나라의 정책에 간섭을 하기 시작했어요. 결국 정부에서는 국제통화기금의 요구대로 구조 조정을 했지요. 그래서 많은 사람들이 일자리를 잃거나 월급이 깎이는 등의 어려움을 겪었어요.
하지만 우리나라 국민들의 노력으로 1999년에 빌린 돈을 거의 갚을 수 있게 되었답니다.

보호무역이 뭐예요?

- 우리 상품을 보호하는 보호무역

많은 나라들은 수출을 많이 해서 돈을 벌고 싶어 해요. 수출을 많이 하면 다른 나라의 돈을 벌 수 있으니까요. 하지만 수입은 가능한 적게 하려고 하죠. 그래서 각 나라들은 자기 나라의 물건을 보호하기 위해 수입을 덜 하도록 하고 있어요. 이것이 바로 '보호무역'이에요.

여기, 품질이 비슷한 구두가 두 켤레 있어요. 한 켤레는 중국에서 만든 것이고, 다른 한 켤레는 우리나라에서 만든 것이죠. 중국 구두는 3천 원이고, 우리나라 구두는 5천 원이라고 했을 때, 중국 구두를 수입한다면 어떻게 될까요?

사람들은 우리나라 구두보다 중국 구두를 사려고 하겠지요? 그렇게 되면 우리나라의 구두 공장들은 모두 망하고 말 거예요. 그래서 국가에서는 중국 구두에 엄청난 세금을 매겼어요. 세금을 매긴 중국 구두의 가격은 5천 500원이 되었지요.

이제 사람들은 중국 구두보다 우리나라 구두를 사려고 하는 사람들이 더 많아졌어요. 이렇게 보호무역은 자기 나라의 산업을 보호할 수 있다는 장점이 있어요.

– 무조건 국산품을 쓰는 게 좋을까?

'국산품을 살까, 수입품을 살까?' 수입품이 좋아 보이기도 하고 또 우리나라 기업이 잘되려면 국산품을 사야 할 거 같은데 어떻게 해야 할까요? 이럴 때는 품질이 더 좋은 물건을 사면 돼요. 국산품을 사지 않으면 우리 나라 기업이 망할 것 같다고요? 천만에요. 국산품을 사는 일이 나라를 사랑하는 일인 것 같지만, 국산품이기 때문에 무조건 사야 한다는 생각은 위험한 생각이에요. 만약 품질이 떨어져도 우리나라 물건이라는 이유만으로 물

수입품

수입품

국산품

건을 사 준다면 어떻게 될까요? 우리나라 기업들은 더 좋은 물건을 만들려고 하지 않을 거예요.

그러면 우리나라 제품이 다른 나라 제품보다 품질이 떨어지겠지요. 따라서 우리나라 물건을 수입하려는 나라가 하나도 없을지도 몰라요.

물론 수입품이라면 무턱대고 사는 것은 잘못된 생각이에요. 물건을 살 때는 국산품이냐 수입품이냐를 떠나 품질과 가격을 꼼꼼히 비교한 다음 더 좋은 물건을 사는 것이 좋답니다.

왜 국산품을 사지 않고 수입품을 사요?

- 세계는 하나의 시장

자유무역은 말 그대로 자유롭게 다른 나라의 물건을 사고 판다는 뜻이에요. 그래서 수입에 제한을 두지 않지요.
자유무역을 하면 품질도 좋고 저렴한 가격의 물건을 살 수 있다는 장점이 있어요. 하지만 모든 나라에게 자유무역이 좋은 것만은 아니에요.

예를 들어, 부자 나라와 가난한 나라가 똑같이 쌀을 생산한다고 생각해 봅시다.

부자 나라는 넓은 땅과 뛰어난 기술을 가지고 있어요. 그런데 가난한 나라는 뛰어난 기술이 없지요. 이 두 나라가 자유무역을 하면 누가 유리할까요? 당연히 부자 나라겠죠? 이 두 나라가 자유무역을 한다면 가난한 나라의 쌀은 팔릴 수가 없어요. 그래서 자유무역은 부자 나라는 더 부자로, 가난한 나라는 더 가난하게 만들기도 한답니다.

30 회사들은 왜 중국에 공장을 지을까?

– 우리 제품이 중국에서 만들어지는 이유

'메이드 인 차이나(made in China)'라고 적혀 있는 제품을 본 적 있나요?
'메이드 인 차이나'라는 말은 중국에서 만들었다는 뜻이에요. 외국 제품뿐만 아니라 우리나라 제품도 중국에서 만들어지는 경우가 참 많아요.
우리나라 제품이면 우리나라에서 만들어야 하는 게 아니냐고요? 그 이유는 바로 중국에서 만들면 비용이 적게 들기 때문이에요. 중국은 물가가 우리나라보다 훨씬 저렴해요.

● **요점 정리**
우리 기업들이 중국에 공장을 세우는 이유는 인건비와 생산비가 적게 들기 때문이에요.

공장을 짓는 데 필요한 비용도 적게 들고 재료비도 적게 들지요. 게다가 노동력을 구하기가 쉬워요. 물건을 만드는 데 비용이 적게 들면 제품의 가격도 내려갈 수 있어요. 그래서 우리나라뿐만 아니라 세계 여러 나라의 많은 기업들이 중국으로 공장을 옮겼답니다.

그건 인건비와 생산비가 적게 들어서란다.

우리 나라 제품인데, 왜 중국에서 만들었죠?

31 돈이 많으면 모두 선진국일까?

― 선진국이란?

선진국이라는 말을 정말 많이 들었죠?
요즘에는 우리나라도 선진국 대열에 들어섰다는 말들을 종종 하곤 하죠.
그럼 선진국이란 뭘까요?
부자 나라가 되면 선진국이 되는 걸까요?
흔히 선진국이라고 하면 미국과 영국, 프랑스처럼 잘사는 나라를 가리켜요. 이들 선진국들은 다른 나라들보다 경제 발전이 앞서 있지요.

하지만 부자 나라라고 해서 무조건 선진국이 되는 것은 아니에요. 사우디아라비아, 아랍에미리트, 오만, 쿠웨이트 등과 같은 중동 지역은 석유로 많은 돈을 벌어 들이지만 선진국에 포함시키지 않아요. 그 이유는 산업이 발달하지 않았기 때문이에요.

선진국은 국민 1인당 소득 수준이 높고, 산업이 발달했으며, 정치·사회·문화 수준이 높은 나라라고 할 수 있어요. 하지만 1인당 국민 소득이 높지 않아도 국민들을 위한 사회복지 제도가 잘되어 있으면 선진국이라고 봐요.

스위스, 스웨덴, 노르웨이 등은 국민 소득은 별로 높지 않아요. 하지만 사회복지 제도가 잘되어 있어서 국민들이 편안하게 살 수 있는 나라이기 때문에 선진국이라고 해요.